ÉLOGE FUNÈBRE
DU
Général Antoine-Eugène-Alfred CHANZY

Général de Division, Sénateur

Commandant le 6ᵉ Corps d'Armée, etc., etc.

Prononcé à l'occasion du Service anniversaire

CÉLÉBRÉ LE 5 JANVIER 1884

Dans l'Eglise de Buzancy (Ardennes)

par

M. V. TOURNEUR

VICAIRE GÉNÉRAL

Spécialement délégué de

S. E. Monseigneur B.-M. LANGÉNIEUX, Archevêque de Reims

F. MICHAUD

Librairie Ancienne et Moderne

RUE DU CADRAN-SAINT-PIERRE, 23

REIMS

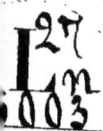

ÉLOGE FUNÈBRE

DU

Général Antoine-Eugène-Alfred CHANZY

Général de Division, Sénateur
Commandant le 6e Corps d'Armée, etc., etc.

Prononcé à l'occasion du Service anniversaire

CÉLÉBRÉ LE 5 JANVIER 1884

Dans l'Eglise de Buzancy (Ardennes)

par

M. V. TOURNEUR

VICAIRE GÉNÉRAL

Spécialement délégué de

S. E. Monseigneur B.-M. LANGÉNIEUX, Archevêque de Reims

F. MICHAUD

Librairie Ancienne et Moderne

RUE DU CADRAN-SAINT-PIERRE, 23

REIMS

IMPRIMERIE COOPÉRATIVE DE REIMS

ÉLOGE FUNÈBRE

Du Général Antoine-Eugène-Alfred CHANZY

Général de Division, Sénateur, Commandant le 6ᵉ Corps d'Armée, etc., etc.

PRONONCÉ A L'OCCASION DU SERVICE ANNIVERSAIRE

Célébré le 5 Janvier 1884, dans l'Eglise de Buzancy

> *In memoriâ æternâ erit Justus, ab auditione malâ non timebit.*
>
> Le Juste jouira d'une mémoire éternelle, il ne craindra pas d'entendre mal parler de lui.
>
> (Psaume cxi, v. 7.)

Mes Frères,

Il y a un an à pareil jour, un cri de douleur retentissait d'un bout de la France à l'autre : *le général Chanzy est mort !* Porté par l'électricité, ce cri se faisait entendre à la fois sur l'un et sur l'autre hémisphère, et partout il produisait la même émotion. Une gloire nationale s'était éteinte ; la sécurité du pays se trouvait compromise ; toutes ses espérances d'avenir descendaient au tombeau, semblait-il, avec le Héros qu'un coup imprévu venait d'y précipiter !

Une année s'est écoulée, et, nous pouvons bien le dire, l'impression pénible du premier jour ne s'est point effacée ; les regrets deviennent à chaque minute plus intenses et plus poignants. Toutes nos grandes cités de France ont tenu à honneur d'immortaliser la mémoire du général Chanzy en décorant de son nom l'une de leurs principales rues. Une souscription nationale veut faire vivre à jamais son image par le marbre et par le bronze. Nouart, qui l'a vu naître ; le Mans, principal témoin de son héroïsme ; Buzancy, gardien de sa dépouille mortelle, conserveront ses nobles traits toujours vivants. Et, quand dans les âges à venir, les enfants de vos enfants demanderont ce qu'il était ? l'histoire à la main, on leur répondra : saluez-le, admirez-le, aimez-le ! Il est le héros de la guerre la plus désastreuse qui ait jamais affligé la Patrie ; c'est lui qui nous a donné une fois de plus de pouvoir dire avec François Ier : *Tout est perdu, fors l'honneur!* car il continuait de combattre vaillamment, quand l'espoir même n'existait plus. Oui, vraiment, la mémoire de ce guerrier *sans peur comme sans reproches* vivra toujours : *in memoria æterna erit justus ;* aucune voix discordante ne viendra troubler le concert d'éloges qui ne cessera de chanter sa gloire, *ab auditione mala non timebit.*

Toutefois, Mes Frères, vous n'attendez pas de moi que je renouvelle ici devant vous les discours si laudatifs et si vrais des funérailles de Châlons, du siège présidentiel du Sénat, ou les paroles si délicates qui charmaient, il n'y a pas un mois, l'Académie française. Prêtre, parlant du haut de la chaire, en face de cet autel sur lequel on vient d'immoler pour le repos de son âme la sainte victime du Calvaire, je vous dirai comme Bossuet le disait jadis du grand Condé : Dieu, de qui vient tout don parfait, a comblé des qualités de l'*esprit* et du *cœur* le général Chanzy. Mais il a mis le comble à ses bienfaits, en lui accordant d'être un véritable *chrétien*. Tel est, en un mot, le résumé de mes paroles.

I.

Pour apprécier dignement l'*intelligence* et le *cœur* du général que nous pleurons, il suffit de rappeler brièvement les diverses phases de sa glorieuse vie.

Né à Nouart en 1823, dans nos Ardennes et au cœur de cette Argonne dont son génie aurait su faire encore une fois les Thermopiles de la France, le jeune Chanzy va commencer à Sainte-Menehould ses premières études. Bientôt, en 1839, fasciné par le prestige d'une guerre en Orient et instinctivement attiré vers ces nobles contrées, il est à bord du *Neptune* parce qu'il espère aller combattre au loin sur les flots là où s'illustraient jadis nos pères des Croisades. Mais Dieu le voulait sur un autre théâtre. Passant rapidement par Metz et par Saint-Cyr, le voilà à vingt ans, faisant ses premiers pas dans la carrière des armes comme officier d'un des régiments de zouaves. C'était bien là que devait se former à l'école des Lamoricière et des Bedeau, celui qui égalerait leur bravoure et dépasserait leur gloire. Tous ses grades l'un après l'autre et l'insigne de l'honneur, sont noblement conquis; l'ordre du jour de l'armée le mentionne pour la première fois en 1847 parmi les plus braves; et quand, chef de bataillon, il quittera l'Afrique pour la première fois, après un séjour de quinze années, ce sera pour venir se signaler à Magenta et à Solférino. Il le fallait ainsi dans les vues de la Providence, afin qu'il pût voir de ses yeux la grande guerre, telle qu'il devait la diriger un jour.

Passons vite sur les services qu'il rend en 1860 aux chrétiens du Liban, et à Rome pendant trois années; mais gardons-nous d'omettre que, général de brigade en 1868, il a sollicité comme une faveur de rester en Afrique parce que les tribus arabes menacent de s'insurger, et que, pour lui, c'est un bonheur que de rencontrer l'ennemi face à face. Le maréchal de Mac-Mahon, son chef hiéarchique, appuyait alors la demande du général Chanzy par ces mémorables paroles qui les honorent tous les deux : « Officier des plus distingués « sous tous les rapports; très-intelligent; rectitude « de jugement hors ligne; vigoureux, énergique, « brave à l'ennemi, appelé au plus grand ave-« nir ! »

Nous ne nous trompons donc pas, Mes Frères, en vous disant que Dieu lui a prodigué, comme au grand Condé, tous les dons du cœur et du génie !..

Nous ne nous étonnerons plus, Maréchal, de ce que, étendu sur votre lit de douleur, à Pourru-aux-Bois, vous pressiez avec instance le gouvernement de la Défense nationale de rappeler d'Afrique notre illustre Ardennais, comme le plus capable de relever la France abîmée dans ses désastres.

Il est en France, et sa grande âme va se révéler tout entière! En quelques jours il est créé général de division et commandant du seizième corps; la part importante qu'il prend à la victoire de Coulmiers démontre combien il en était digne. Quelques jours se passent, et le voilà devenu général en chef de la deuxième armée de la Loire. Bientôt le duc de Mecklembourg, pressé vivement, appelle à son aide le vainqueur de Metz. Deux armées nombreuses, aguerries et fières de leurs succès, comptent bien écraser ou, du moins, disperser en quelques jours les nouvelles recrues et les *mobiles,* que notre Chanzy n'a pu former encore pour le combat. Aussi, combien grande fut la surprise et la déception des Allemands quand ils ont reconnu devant eux le plus habile homme de guerre qu'ils aient jamais rencontré! « Alors, « que ne vit-on pas » (dit Bossuet, burinant par avance le portrait fidèle du général Chanzy, en traçant celui du grand Condé), « touchée d'un si « digne objet, sa grande âme se déclara tout en- « tière. Son courage croissait avec les périls, et ses

« lumières avec son ardeur. Il se met dans l'es-
« prit, en un instant, les temps, les lieux, les
« personnes. Il tire d'un déserteur, d'un trans-
« fuge, d'un passant, ce qu'il veut dire, ce qu'il
« veut taire, ce qu'il sait, et pour ainsi dire ce
« qu'il ne sait pas. » En vain, comme à Beaugency, des prescriptions, venues de haut, dérangeront, sans l'en prévenir, ses combinaisons stratégiques les plus savantes; d'un mot il a rétabli le bon ordre, car il est partout, il pourvoit à tout avec une sagesse et une fermeté sans égales, et on ne le surprendra jamais, « car il avait pour « maxime » (c'est encore Bossuet qui nous l'assure) « qu'un général habile « peut bien être « vaincu, mais qu'il ne lui est jamais permis d'être « surpris ». Pendant deux mois il exécute cette incomparable retraite, de la Loire sur le Loir, du Loir sur la Sarthe, de la Sarthe sur la Mayenne, sans se laisser entamer jamais, et illustrant, au contraire, par sa vaillance les noms de Beaugency, de Josne, de Vendôme, en attendant sa glorieuse défaite du Mans. — Je vois en lui un lion blessé, reculant devant la meute, mais lui tenant toujours tête, et lui infligeant à chaque pas les pertes les plus cruelles. On trouve en lui tout ce qui compose le grand capitaine : bravoure, sang-froid, activité, science approfondie du métier des armes, prudence à toute épreuve, mais surtout inébranlable fermeté dans les accidents les plus

imprévus. C'est bien de lui que, avec Horace, nous pouvons redire : « *Justum et tenacem propositi* « *virum... et si fractus illabatur orbis, impavi-* « *dum ferient ruinæ* (1). Voilà l'homme juste et « ferme en ses desseins..., l'univers s'écroulerait « que ses débris le frapperaient sans l'effrayer. »

La guerre est finie, quand il demande à la continuer encore. Mais le général Chanzy a maintenant, dans des fonctions diverses, d'autres qualités éminentes à nous montrer. Quelle est sa sagesse et sa fermeté dans les délibérations? — L'Assemblée nationale, le Conseil général des Ardennes et le Sénat nous le diront. L'Algérie nous fera voir en lui l'organisateur et le guerrier; et la Russie, le diplomate accompli, toujours dévoué à la patrie française ; le sixième corps, le chef le plus prévoyant et le plus habile de notre future avant-garde. Enfin, son admirable livre sur la *Campagne de la deuxième armée de la Loire*, un écrivain de grand mérite en même temps que l'homme exact, véridique, modeste, si sûr dans ses appréciations, que l'Allemagne a traduit son livre et en use comme d'un traité complet de l'art de la guerre. Il avait donc, comme Condé, les qualités les plus éminentes de l'*esprit* et du *cœur*. J'ai maintenant à vous montrer que Dieu y avait mis le comble en faisant de lui un *grand chrétien!*

(1) Horace, lib. II des Odes. Ode IIIe.

II

Être chrétien! le général Chanzy y était prédestiné par sa naissance. On l'a remarqué depuis longtemps, le prêtre et le soldat sont frères par l'abnégation, comme par le dévouement; par la discipline, par la hiérarchie, et même par l'uniforme. Aussi je ne vous étonnerai pas, Mes Frères, en vous disant que, si les guerriers sont nombreux dans sa famille, les prêtres ne le sont pas moins, parce que les deux vocations sont identiques.

Parmi les prêtres confesseurs de la foi en 1790, nous trouvons deux frères Chanzy, ses proches parents : l'un, curé de Noirval, à quelques kilomètres d'ici; l'autre, professeur distingué à l'Université de Reims. Ils ont, l'un et l'autre, passé à Liège le temps de leur exil. L'abbé Jacques Chanzy est mort chanoine de Reims en 1833, après avoir, comme professeur, formé les premiers élèves de notre Petit Séminaire de Reims, ouvert en 1820. Plusieurs prêtres existent encore dans le diocèse qui lui doivent leur vocation. Heureux ceux d'entre nous à qui il est donné de posséder son image, afin de l'environner de leurs respects. Je ne vous dirai rien de celui de nos confrères que vous voyez assis aux premiers rangs de la famille en deuil (1). Mais je ne puis passer sous silence

(1) M. l'abbé Ogée, curé de Vandy.

M. l'abbé Prioux. Né à Voncq, mort en 1866 à Reims, membre du Chapitre métropolitain, il gouverna pendant vingt-cinq ans la paroisse importante de Fismes, où la mémoire de ses éminentes vertus est toujours en vénération profonde. Le général l'aimait tendrement, et il se plaisait, dans ses courses, à s'arrêter chez son parent bien-aimé ; c'est de la bouche même du général que nous avons recueilli ce précieux détail. Issu d'une telle race, élevé dans un pareil milieu, il avait pour ainsi dire sucé la foi avec le lait. Il avait recueilli ses principes de religion comme un héritage, et il les garda toujours fidèlement. En voulez-vous la preuve ? les témoins les plus irrécusables vont nous la donner.

Voici 1° l'*Histoire* : elle nous le montre, en 1860, agenouillé au tombeau du Christ, y déposant, pour qu'elles soient bénies, ses décorations et son épée, demandant qu'une messe spéciale soit célébrée pour ses compagnons et pour lui. Il ira ensuite, pèlerin pieux et attendri, se prosterner et prier au pied du berceau de Bethléem. Plus tard, il passe à Rome plusieurs années, accueilli par Pie IX avec la plus paternelle affection, et recevant de lui cette plume qui devra signer un contrat précieux et attirer, sur un mariage bien cher pour lui, toutes les bénédictions du grand Pontife.

La guerre est venue ; il est depuis huit jours commandant du seizième corps, et il a obtenu un succès important. Alors, comme Condé fléchissait le genou sur nos rièzes de Rocroi, afin de remercier Dieu du gain de la bataille, le général Chanzy fait célébrer, à Sainte-Paravy-la-Colombe, une messe militaire solennelle, suivie d'un *Te Deum* d'action de grâces, les seuls peut-être qui aient été adressés au ciel pendant cette lamentable guerre.

La Commune est venue ; Chanzy est arrêté par l'émeute qui le menace du sort des généraux Lecomte et Clément Thomas. Le voyez-vous, tel que nous l'a montré l'auteur des *Convulsions de Paris*, l'uniforme en lambeaux, le visage meurtri, et pourtant calme et serein. Il entre dans la prison de *la Santé ;* écoutez sa parole : « Il faut bien leur « pardonner, car ils ne savent ce qu'ils font ! » Oh ! admirable chrétien ! ces paroles qui montent si naturellement à vos lèvres, c'est le Christ, notre Sauveur, qui les a prononcées le premier sur la croix ; en les redisant, vous parlez de l'abondance d'un cœur chrétien !

Après l'*Histoire*, écoutons 2º les témoins oculaires pris à tous les degrés de la hiérarchie sacerdotale. Vous, cher desservant de Nouart(1), que je vois d'ici au milieu de cette assemblée, faites violence à votre habituelle réserve et à votre incomparable modestie, et redites-nous que depuis trente-

---

(1) M. l'abbé Thiérot, curé de Nouart, depuis 1848.

cinq ans, votre chère église, dans laquelle il a été baptisé, n'a jamais connu de paroissiens plus reconnaissant et plus dévoué, pas plus que votre cimetière paroissial n'a vu personne plus assidu et plus fidèle au culte de ses morts. Vous, curé titulaire de Revin (1), rappelez-vous que vous nous demandiez à nous-même de le remercier publiquement dans l'inauguration de l'église de Condé-lès-Vouziers, de l'aide qu'il vous avait donnée pour la reconstruire. Et vous, vénéré doyen de Buzancy (2), montrez-nous encore ici sa place habituelle, racontez-nous sa générosité pour vos œuvres ; son émotion et ses larmes à la première communion de ses enfants et à leur confirmation.

Et vous, mon cher Collègue, M. le Vicaire-général Jussy, ne nous dites-vous pas dans votre histoire de l'église de Mouzon, que les démarches bienveillantes du général Chanzy, ont assuré la restauration complète de cet admirable monument, le plus beau, sans contredit, de toutes les Ardennes ?

Mais montons plus haut dans les sommets de la hiérarchie. Ecoutez son Evêque, Monseigneur Sourrieu, à Châlons : « Les Châlonnais le savent, « dit-il, son visage était habituellement tourné

---

(1) M. l'abbé Tabouillot, curé de Vrizy et Condé-lès-Vouziers en 1875.
(2) M. l'abbé Guillaume, curé-doyen de Buzancy depuis 1858.

« vers la religion qu'il aimait de toutes les forces
« de sa raison, de son expérience et de sa droiture.
« Bayard ne confondait pas mieux son épée avec
« la croix de Jésus-Christ. »

Voici son Archevêque, Monseigneur Langénieux, qui m'a confié l'honorable missions de le remplacer ici en ce moment. Il y a un an, du haut de cette même chaire, il vous adressait ces belles paroles que tous nous avons entendues et dont nos cœurs ont gardé fidèlement la mémoire : « D'où
« lui venait cet ensemble de qualités qui ont fait
« de lui un homme si parfait dans la vie privée ;
« sur le champ de bataille un capitaine si puis-
« sant ; dans la vie publique un si grand citoyen ;
« C'est sa religion ! »

Enfin, c'est un ami de cœur, l'éminent Cardinal Lavigerie, Archevêque d'Alger : « Je ne puis ou-
« blier, écrit-il, que depuis plus de vingt ans, ma
« vie a été rapprochée de la sienne, en Syrie, à
« Rome, à Alger... Aussi ai-je pu connaître ce
« que son âme renfermait de sentiments élevés,
« généreux, et je le dis aujourd'hui à sa gloire,
« vraiment chrétiens. »

Trouverons-nous maintenant, Mes Frères, une affirmation plus positive, plus haute et plus autorisée ? — Oui, sans aucun doute, et c'est vous, illustre et vénéré général, qui nous la fournirez. Le 14 octobre 1881 vous disiez publiquement à Vouziers, sur la tombe d'un ami dont vous conduisiez

le deuil : « Adieu! Nicaise, ou plutôt *au revoir !*
« car tu étais de ceux qui conservent intactes les
« fortes croyances qui ont fait de la France le
« glorieux pays de la Foi, des idées généreuses et
« de l'honneur ! »

O mon général, nous vous avons compris ! Vous
êtes vraiment grand comme Condé, parce que la
religion soutenant, élevant les éminentes qualités
de l'*esprit* et du *cœur* que Dieu vous avait dé-
parties, elles les a fait monter à la hauteur de
l'héroïsme chrétien. Non, votre foi, votre espé-
rance ne seront pas trompées. Vous êtes parvenu
au terme dans une patrie meilleure : la Terre des
Elus ! De là, vous nous dites comme au commandant Nicaise : *au revoir !...* Oh ! acceptez-le, cet
au revoir, noble compagne de cette belle exis-
tence ! Un jour vous le retrouverez pour ne plus
le perdre !

Acceptons-le, Mes Frères, cet *au revoir !* mais
pour arriver au même but, suivons la même route,
soyons vraiment, franchement chrétiens comme
l'était le mort illustre qui nous a précédés dans
l'autre vie. Et vous, ses fils, héritiers de son amour
pour la profession des armes, courage ! Laissez-
moi vous redire les paroles que notre Archevêque
vénéré adressait devant nous, il y a quatre jours, à
un glorieux général (1), intime ami de votre père,

---

(1) Le général baron H. Berge, commandant à Reims la 12ᵉ
division du 6ᵉ corps d'armée.

— 14 —

et dont le fils se dispose à partir pour aller au Tonkin combattre les ennemis de la France : Il honorera son nom, car *fortes creantur fortibus et bonis* les hommes courageux et bons engendrent des fils qui leur ressemblent, *nec imbellem feroces progenerant aquilæ colombam* (1), et l'aigle belliqueuse n'a pas pour fille la timide colombe ! Pour continuer la gloire de votre nom, pour consoler votre digne mère, vous suivrez dans la même carrière les nobles traces que votre père vous a marquées et comme militaire et comme chrétien. Enfin, permettez-nous, Monsieur le lieutenant (2), de vous exprimer un vœu ; c'est que, dépositaire des travaux, des souvenirs, des pensées que la plume paternelle a confiés au papier, vous vouliez bien vous en servir pour compléter et rectifier les beaux récits qu'un cœur ardennais vient d'écrire pour nous (3) ; et plus tard, quand l'heure propice aura sonné, nous livrer tout entiers ces précieux trésors. Plus nous le connaîtrons, plus nous saurons l'admirer dans son génie, l'imiter dans sa foi chrétienne et apprendre de lui à aller le *revoir* au ciel. Ainsi-soit-il.

(1) Horace, Ode, Liv. IV. Ode II.
(2) M. Georges Chanzy, lieutenant au 4ᵉ bataillon de chasseurs à pied.
(3) Vie du Général Chanzy par M. Arthur Chuquet. — Paris, Cerf, 1884.

Imprimerie Coopérative de Reims, rue Pluche 21 (N. Monce, dél.)

www.ingramcontent.com/pod-product-compliance
Lightning Source LLC
Chambersburg PA
CBHW060638050426
42451CB00012B/2659